일과 사람
02 우편집배원

딩동딩동 편지 왔어요

정소영 쓰고 그림

사계절

아침마다 나는 자전거를 타고 집을 나와.
차가운 아침 공기를 마시면 몸과 마음이 산뜻해져.
슈퍼마켓을 지나 중국집을 거쳐 문구점을 지나면
우리 마을 우체국이 나와.
나는 날마다 그곳에 가.

내가 일하는 곳이 바로 우체국이거든.
나는 우편집배원이야.
사람들에게 편지 전해 주는 일을 해.
빨간 우체통을 열 수 있는 열쇠도 갖고 있어.

우체국에 와 본 적 있어?
지나가기만 했지 들어가 본 적은 없다고?
그럼 따라와. 내가 구경 시켜 줄게.

여기가 내가 일하는 집배실이야.
우편물을 주소대로 나누고 정리하는 방이지.
먼 곳에서 온 편지나 소포가 주인을 만나러 가기 전에 여기서 잠깐 머물러.

나는 집배실 막내야.
선배님들 사랑을 한 몸에 받고 있지.
참, 창구에 계신 분들한테도 인사해야겠다.

창구에서 일하는 분들도 일찍 나와서 일을 시작해.
편지나 소포를 부치러 오면 이분들을 만날 수 있어.
여기가 우표를 팔고 우편물을 받는 곳이거든.
아직 우체국 문을 열 시간은 안 됐지만
다들 먼저 나와서 준비하고 있어.

우편집중국
우체국의 우체국이야.
큰 도시마다 하나씩 있어.
곳곳의 우체국에서 보낸
우편물들을 모은 다음 배달할
지역의 우체국으로
나누어 보내.

빵빵!
우편물을 가득 싣고 배달차가 왔어.
여러 곳에서 우리 마을로 보낸 우편물이 온 거야.
배달차가 오면 집배실 사람들이 우르르 나가서
우편물을 안으로 옮겨.

오늘도 산더미 같군.

이쯤이야 식은 죽 먹기라고요.

우편물이 산더미라고?
설이나 추석 같은 명절에는
몇 배나 더 많아.
처음엔 힘들어서 팔다리가
덜덜 떨렸어.
지금은 가뿐하게 해내.
자꾸 하다 보니 힘이 세졌나 봐.

으아, 발 디딜 틈도 없이 꽉 찼어.
이 우편물들을 정리해서 우편물 분류함으로 가져가야 해.
얼른얼른 해야 빨리 나가서 우편물을 전할 수 있어.
정리하는 시간이 배달하는 시간만큼 걸리거든.
바쁘다, 바빠!

우편물 분류함
배달할 구역에 따라 우편물을 나누어 넣는 곳.

내가 맡은 구역 우편물들은 내가 정리해.
기계로 분류하는 우체국도 있어. 우리는 작은 우체국이라서 손으로 해.
어제도 눈이랑 손이 빠르다고 선배한테 칭찬받았어.
빨리 후배가 들어와야 나도 누구를 칭찬해 줄 텐데.

1 주소를 보고 우편물을 분류함에 나누어 넣어.

3 아파트처럼 같은 번지로 가는 우편물들은 한 덩이로 묶어.

2 배달할 순서대로 우편물을 정리해.

4 바코드 읽는 기계로 등기와 소포의 정보를 컴퓨터에 넣어. 보낸 사람, 날짜, 받는 사람을 넣는 거야.

피디에이 (PDA)

5 컴퓨터에 넣은 내용을 다시 피디에이로 옮겨. 컴퓨터를 가지고 다닐 수 없으니까, 컴퓨터 구실을 하는 작은 기계를 가지고 나가는 거야.

6 우편 가방에 등기 우편물과 피디에이를 넣어.

정리가 끝나면 우편 가방이랑
우편물을 오토바이로 옮겨.
아이고, 무거워.
하지만 아직도 준비가 다 끝나지
않았어.

우편 가방

등기 우편물
보낸 사람과 받은 사람을 우체국에서 적어 두는 우편물이야. 우편물을 잃어버리지 않도록 우체국에서 특별히 챙기는 거야.

피디에이
우편물 받은 사람은 여기에 이름을 써.

우편물 도착 안내서
등기 우편물 받을 사람이 집에 없을 때 문에 붙여 놓고 오는 안내서야.

우편 바구니

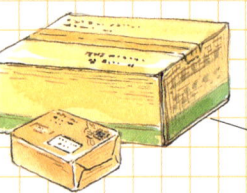

소포

편지

신문

공과금 청구서

통신 판매 홍보책

잡지

오토바이 타기에 편한 옷으로 갈아입을 차례야.
집에서부터 입고 올 수도 있지만, 난 이렇게 "짜잔!" 변신하는 게 더 좋아.
다치지 않도록 안전 장비도 챙겨야 해.
어때, 이 정도면 든든해 보이지?

안전한 옷차림

모자
우체국을 뜻하는 그림이 새겨져 있어. 여름에는 햇빛을 가려 주고, 겨울에는 바람을 막아 주지.

헬멧
오토바이 탈 때 가장 중요한 준비물이야. 사고가 나더라도 머리가 다치지 않게 지켜 줘. 예쁜 모양보다는 안전 기준에 맞는 걸 써야 해.

이런 헬멧은 안 돼.

웃옷
집배원들이 입는 옷이야. 철에 따라 모양과 빛깔이 달라.

장갑
장갑을 껴야 오토바이 손잡이를 잡을 때 미끄러지지 않고 손이 시리지 않아. 겨울에는 가죽이나 천으로 만든 장갑을 껴. 여름엔 그물 모양으로 구멍이 숭숭 난 것이 좋아.

바지
웃옷이랑 한 벌인 바지가 따로 있지만, 난 따뜻한 누비바지를 즐겨 입어. 흙탕물이 튀어도 슥슥 닦으면 잘 지워져서 좋아.

신발
진창길이나 눈길도 안전하게 갈 수 있도록 밑창이 두툼하고 미끄럽지 않은 신발을 신어.

부릉, 부르릉! 끽, 끼이익! 뷔융, 다다다다!
시동은 잘 걸리는지, 브레이크는 멀쩡한지,
오토바이도 꼼꼼히 살펴보았어.
드디어 준비 끝!

오토바이에 앉을 때마다
얼마나 설레고 신이 나는지 몰라.
자, 오늘도 시작해 볼까? 출발!

여기가 바로 내 구역이야.
내가 태어나고 자란 마을이지만, 주소를 익히는 것이 쉽지는 않았어.
이젠 눈 감고도 훤히 알 수 있어.

이번엔 아파트 차례야. 우편함에 넣으면 돼.
오늘은 우편물이 아주 많네.
이런 때일수록 차근차근 침착하게!
지난달에 세금 고지서를 딴 집 우편함에
넣어서 선배님한테 꾸지람 들었거든.

우편함이 없는 집은 우유 주머니나 문틈으로 넣어.
집주인과 미리 약속하고 비밀 장소에 넣어 주기도 해.

그런데 씩씩한 나도 이럴 땐 참 곤란해.

나는 언제쯤 되어야 개가 안 무서우려나?

딩동딩동!
"우체국입니다! 이혜경 씨 계십니까?"
이건 우편함에 넣지 않고 만나서 줘야 해.
왜냐고? 등기 우편이거든.

등기 우편이 뭘까?

중요한 서류나 귀중한 물건을 보낼 때는 등기로 부쳐.
우편물을 좀 더 안전하게 보낼 수 있거든.
보낸 사람은 우편물이 잘 갔는지 우체국에서 알아볼 수 있어.
집배원은 사람을 꼭 만나서 우편물을 전해 주고,
받은 사람 이름도 적어 와야 해.

등기 우편물을 보내려면?

우체통에 넣으면 안 돼.
꼭 우체국에 가서 무게를 달아 보고 보내야 해.
우편물 크기와 무게에 따라 값이 다르거든.

우체통에 넣어도 되는 편지는 뭘까?

그건 '보통 우편'이라고 해. 등기 우편보다 값이 싸고,
받을 사람이 잘 받았는지 우체국에서 알려 주지 않아.

등기 우편물 받을 사람이 집에 없을 땐 어떻게 해?

'우편물 도착 안내서'를 붙이고 와.
받으실 분이 집에 없으니 다시 오겠다는 내용을
적은 종이야. 다음 날 또 가야 해.

다시 갔는데 받을 사람이 또 없을 때는 어쩌지?

또 안내서를 붙여. 우편물을 우체국으로 찾으러
오라는 내용이야. 그래도 찾으러 오지 않으면
보낸 사람에게 돌려보내.

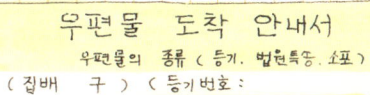

등기 우편물은 보통 우편물보다
전해 주기가 훨씬 어려워.
낮에 늘 집이 비어 있다면,
대신 받아 줄 사람을 정해 주면 좋겠어.

배달할 때 가장 무서운 게 뭔지 알아? 승강기 없는 아파트, 그것도 맨 꼭대기 층!
오늘도 맨 꼭대기 집까지 무거운 소포를 가지고 올라가야 해.
아이고, 이러다가 천하장사 되겠어.

물건 보내려면 연락해!

물건을 먼 곳에 보내려면 두 가지 방법이 있어.
우체국에 가지고 가서 부쳐도 되고,
우체국에 전화해서 우리 집으로 오라고 할 수도 있어.
내가 우체국으로 가지고 가면 '소포',
우체국에서 가지러 오면 '택배'가 되는 거야.
택배가 값이 조금 더 비싸.
우체국 말고도 택배를 해 주는 회사는 많아.
하지만 우체국은 다른 택배 회사에서는 가지 않는 곳도 가.
외딴 섬이나 깊은 산골짜기까지 안 가는 곳이 없거든.

벌써 점심시간이네. 아, 배고파!
얼른 시장으로 가야지.
우리 엄마가 시장에서 분식집을 하시거든.
엄마가 해 주는 맛있는 밥도 먹고 가게에 별일은 없나 살펴봐야지.

오후엔 산 너머 마을로 배달하러 가.
큰 찻길을 따라 한참을 가야 해.
차들이 쌩쌩 달리는 길이니 조심조심 다녀야 해.
그담엔 산길로 접어들어 고개를 몇 개나 넘어야 마을이 나와.
아무도 없는 산길을 달릴 때는 조금 무섭고 외롭기도 해.

하지만 마을로 들어오면 나를 기다리는 분들이 참 많아.
여기는 읍내로 가는 버스가 하루에 두 번밖에 없어.
차도 사람도 별로 없어서 어르신들이 읍내 나가기가 힘들지.
그래서 내가 오고 가며 심부름도 해 드려.

오늘은 세민이 엄마가 나를 가장 반가워해.
세민이 엄마 고향인 필리핀에서 편지랑 사진이 왔거든.
쌍봉댁 할머니한테도 어서 가 봐야 해.
서울 사는 막내딸한테 늘 김치를 보내시더니,
오늘은 할머니한테 선물이 왔거든.

"세민 엄마, 편지 왔어?"

"필리핀에서 와서~. 엄마한테 와서~."

"감나무 집 할머니 아니세요? 실어다 드릴게요."

"나야 고맙지만, 미안해서……."

유나네 가는 길에 이장님 댁에서 청첩장 다발을 받았어.
우체국으로 가져가서 대신 부쳐 드릴 거야.
어려운 일도 아닌데,
잘 부탁한다며 따끈한 떡까지 주셨어.

자, 이제 한 집만 더 가면 돼.
개울 건너 산 아래, 할아버지랑 할머니 두 분만 사시는 집이야.
오토바이가 못 들어가는 길이라 편지를 들고 뛰어갔어.
올봄에 군대 간 손자한테 편지가 왔거든.
두 분이 얼마나 좋아하실까?
이럴 때는 나도 덩달아 신이 나.

하지만 나는 내 일이 좋아.
날마다 빨간 우체통을 열고
이런저런 사연이 담긴 편지들을 만나는 게 좋아.
나를 기다리는 사람들을 만나는 것도 참 좋아.
나는 우편집배원이니까.

내가 보낸 소포는 누구누구 손을 거쳐 갈까?

안녕! 나는 포천에 사는 성효야.
며칠 있으면 부산에 계신 할머니 생신이야.
엄마는 빛깔 고운 털실로 봄조끼를 뜨고, 나는 정성 들여 편지를 썼어.
예쁜 상자에 넣어 할머니께 보낼 거야.
오늘은 엄마랑 우리 동네 우체국에 가기로 했어.

우편 취급원

창구에 있는 분이 소포의 무게를 달아서 우편 요금을 매겨. 돈을 내면 그 값만큼 우표를 줘. 소포에 우표를 붙이고 주소와 우편 번호를 옳게 썼는지 보고 다시 창구에 내면, 내가 할 일은 끝!

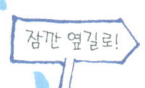
잠깐 옆길로!

금융원

소포를 부친 뒤 옆에 있는 금융 창구로 가. 엄마가 할머니께 용돈을 부쳐 드릴 거야.
금융원은 전기요금이나 가스요금을 받기도 하고 저금을 받기도 해.

발착원

발착원은 내 소포에 오늘 날짜와 우체국 이름이 적힌 도장을 찍고 다른 우체국으로 보낼 준비를 해. 너무 바쁠 때는 집배원도 이 일을 해.

우편집중국 직원

우편집중국은 여기저기에서 엄청나게 많은 우편물들이 모여드는 곳이야. 큰 기계가 우편 번호를 읽어서 빨리 분류할 수 있어. 하지만 삐뚤빼뚤 쓴 우편 번호는 기계가 읽지 못해. 하나하나 사람 손으로 정리해야 해. 내 소포는 의정부 우편집중국에서 부산 우편집중국으로 가.

우편물 배송 운전사

내가 보낸 소포는 우편물 배달차를 타고 우편집중국으로 가. 포천에서 가장 가까운 우편집중국은 의정부에 있어.

우편집배원

부산 우편집중국에서는 소포를 다시 할머니가 사시는 동네 우체국으로 보내. 그곳 집배원 아저씨가 선물을 할머니께 갖다 드릴 거야. 할머니가 참 좋아하시겠지?

우편 번호에도 규칙이 있어

우편 번호는 우편물이 어느 우체국을 거쳐 배달해야 하는지 알려 줘. 예를 들어, 사계절출판사는 우편 번호가 10881이야. 경기도 파주시 회동길에 있어.

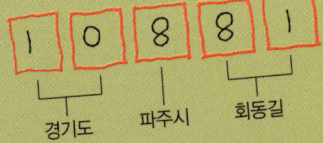

108은 파주시를 맡고 있는 고양 우편집중국으로 우편물을 보내라는 뜻이야. 81은 파주 우체국 집배원더러 회동길로 우편물을 가져가라는 뜻이야.
그러니 우편물을 보낼 때는 우편 번호를 꼭 써야 해.

옛날에는 어떻게 소식을 주고받았을까?

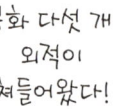

큰 소리나 연기로 신호해

옛날 사람들은 북이나 나팔처럼 큰 소리가 나는 것을 써서 소식을 알렸어. 소리가 들리지 않는 먼 곳까지 소식을 전할 때는 연을 날리기도 했어. 갖가지 모양과 빛깔을 띤 연으로 미리 약속한 신호를 주고받는 거야.
우리나라는 산이 많아서 봉화를 더 많이 이용했어. 멀리서도 잘 보이는 산봉우리에 봉수대를 만들어서 낮에는 연기를 피우고 밤에는 불을 피워서 신호하는 거지. 나라에 위험한 일이 생겼을 때 봉수대에서 불을 붙이면, 거기서 가장 가까운 봉수대에서 보고 또 불을 붙여. 어느 곳에서 시작하든 이런 식으로 임금이 있는 곳까지 소식이 닿도록 이어져 있었어.

사람이 걷거나 말을 타고 가서 전해

편지나 물건을 주고받을 때는 어떻게 했냐고? 사람이 직접 걷거나 말을 타고 가서 전해 주는 '파발'이 있었어. 나라 곳곳에 말을 빌려 주는 '역'이 있어서 바삐 전할 일이 있을 때 말을 이용할 수 있었어. 책이나 드라마에서 마패를 본 적 있어? 거기에 그려진 말의 수는 역에서 빌릴 수 있는 말의 수를 뜻해. 그런데 이런 제도는 나랏일로만 쓰여서 백성들은 이용할 수가 없었어.

조선 시대에도 우체국이?

조선 시대가 끝나갈 무렵, 홍영식이라는 사람이 있었어. 이 사람은 다른 나라 우체국과 우편 제도를 살피고 와서, 우리나라에도 새로운 우편 제도가 필요하다고 생각했어. 그래서 고종 황제한테 건의하여 1884년에 우정국이라는 곳을 세웠어. 여기서 우편에 관한 일을 맡아보았어. 우정국은 일 년도 못 가서 없어지기는 했지만, 우리나라 새로운 우편 제도의 불씨가 되었어. 백성들도 우편 제도를 이용할 수 있게 된 거야.

에헴, 나한테 고마워하라고.

할머니!

우리 엄마 아빠가 어렸을 때는

편지나 엽서를 많이 썼어. 외국에 편지를 보내고 답장을 받으려면 꼬박 한 달을 눈이 빠지도록 기다려야 했어. 그러니 집배원이 반가울 수밖에 없었지. 요즘은 많은 사람들이 전화나 인터넷으로 소식을 주고받아. 소식을 전하기가 훨씬 빠르고 편리해졌어. 그렇지만 손으로 정성 들여 쓴 편지를 그리워하는 사람들도 많아.

정겨운 편지는 옛날보다 줄었지만 집배원이 하는 일은 지금도 무척 중요해. 편지 말고도 배달해야 할 우편물이 아주 많거든. 그리고 외딴 섬이나 산골짜기에도 편지나 물건을 전해 주는 곳은 우체국밖에 없거든.

성효냐? 할미다.

별 모양 우표도 있을까?

누가 맨 처음 우표를 생각해 냈어?

우표는 영국에서 맨 처음 쓰기 시작했어. 우표가 생기기 전에도 우편물을 전해 주는 제도가 있긴 했어. 그때는 받는 사람이 돈을 내야 했고, 거리와 무게에 따라 요금도 달랐대. 값도 비싸서 편지를 받지 못하는 일도 많았대. 이렇게 불편한 제도를 바꿀 수 없을까 고민하던 사람이 있었어. 롤랜드 힐이라는 사람이야. 이 사람이 드디어 새로운 방법을 생각해 냈어. 보내는 사람이 요금을 내고 그 증거로 우표를 붙이자는 거지. 영국 의회에서 삼 년이나 의논한 끝에, 1840년에 우표가 처음 세상에 나왔어.

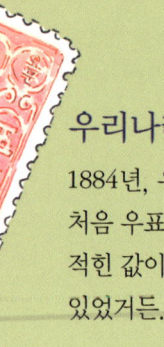

우리나라에 우표가 생긴 것은 언제일까?

1884년, 우리나라 첫 우체국인 우정국이 문을 열었어. 이때 처음 우표가 나왔어. 이 우표를 문위 우표라고 불러. 우표에 적힌 값이 그때 사용하던 돈의 단위인 '문'으로 되어 있었거든.

우표엔 어떤 내용을 넣지?

영국에서 처음 우표가 나온 뒤 해마다 세계 여러 나라에서는 갖가지 우표들을 만들고 있어. 우표에는 그 나라의 자연, 역사, 문화, 사회, 과학을 알 수 있는 여러 가지 그림이나 사진이 담겨 있어. 그러니 우표만 봐도 그 나라에 대한 지식을 얻을 수 있지. 귀한 우표를 모으는 우표 수집가들은 우표에 역사와 시대가 담겨 있다고들 해.

우표 하나 때문에 전쟁을?

한번은 우표에 담긴 내용 때문에 전쟁이 일어난 적도 있어. 파라과이와 볼리비아라는 나라 사이에 '그란차코'라는 곳이 있는데, 서로 이곳이 자기네 땅이라고 주장했대. 그런데 파라과이가 그란차코를 그린 지도 우표를 낸 거야. 볼리비아가 화가 나서 전쟁을 일으켰어. 하지만 결국엔 져서 그란차코를 파라과이에 빼앗겼다고 해. 참 별일도 다 있지.

재미있는 우표 디자인

우리가 쓰는 우표는 보통 네모난 모양이야. 하지만 세상에 네모 우표만 있다면 재미가 없겠지? 우표 디자이너들도 같은 생각인가 봐. 새로운 모양 우표를 자꾸자꾸 만들어 내는 걸 보면 말이야. 세모, 팔각형, 동그라미, 심지어 부채 모양 우표까지!

난 별 모양이 좋은데.

나만의 우표

우체국에서 '나만의 우표'를 만들 수도 있어. 그게 뭐냐고? 우표 옆에 빈칸을 만들고 이곳에 그림이나 글을 넣는 거야. 결혼식이나 생일 사진, 아기 사진 들을 넣어 기념으로 간직하기도 하고, 편지나 소포에 붙이려고 만드는 사람도 많다고 해. 회사를 알리는 광고를 넣어 쓰기도 한대.

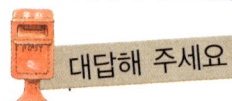 대답해 주세요

"누군가에게 꼭 필요한 사람이라고 느껴질 때 기뻐."

 집배원들은 어떻게 주소만 보고도 척척 배달을 하죠?

처음부터 주소만 보고 집을 찾기는 어렵지. 그래서 배달해야 하는 곳들을 자세하게 그린 지도책을 열심히 봤어. 지도와 함께 배달 순서, 주소, 살고 있는 사람 이름을 적은 책을 집배실에 보관해 두거든. 배달을 나가기 전에 이것부터 익혀야 돼. 나도 집배원으로 일하기 전엔 우리 동네를 다 알고 있다고 생각했어. 그런데 일을 시작해 보니 그게 아니더라고. 지도가 없었다면 많이 헤맸을 거야.

 집배원이 우체국에 못 나오는 날에는 어떻게 해요?

이사를 하거나 결혼식을 하거나 몸이 많이 아플 때는 어쩔 수 없이 일을 못 할 수도 있잖아. 그럴 땐 같이 일하는 집배원들이 내가 맡은 구역까지 맡아 줘. 그래서 집배원들은 석 달에 한 번씩 다른 사람이 맡은 구역에서 배달하는 연습을 해.

 ### 어떤 때 가장 힘들어요?

험한 시골길을 다니다 보면 오토바이가 자주 고장 나곤 해. 바람막이는 몇 번이나 부러졌는지 몰라. 기계도 그런데 사람은 오죽하겠어. 일을 마치고 나면 몸 여기저기가 아플 때도 있어. 기다리는 등기가 아직 안 왔냐며 십 분마다 전화를 걸어 물어보는 사람도 있어. 다른 택배 회사에서 물건을 잘못 배달했는데 우리 우체국으로 전화를 걸어 따지는 사람도 있고. 이렇게 다른 사람의 형편을 생각하지 않는 사람을 만날 땐 속상하지.

 ### 힘든 일을 하는데도, 좋을 때가 있어요?

기다리던 우편물을 받고 반가워하는 사람들의 모습을 보면 참 좋아. 무엇보다도, 누군가에게 작은 도움을 줄 수 있을 때 가장 보람을 느껴. 나처럼 평범한 사람도 누군가에게는 꼭 필요한 사람이라고 느껴져서 기분이 좋아.

 ### 집배원이 되려면 어떻게 해야 하나요?

꼭 필요한 건 오토바이 운전면허야. 그래야 집집마다 다니며 빨리 우편물을 전할 수 있잖아. 하지만 오토바이만 탈 줄 안다고 이 일을 할 수 있는 건 아니야. 우편물 가운데에는 정해진 날짜를 어기면 벌금을 물어야 하는 고지서도 있고, 바삐 처리해야 하는 중요한 서류도 있어. 배달을 못 하는 구역이 하나만 생겨도 큰일 나거든. 맡은 일을 소홀히 하면 우편물을 기다리는 사람들한테 피해를 줘. 그러니 무엇보다 책임감이 강하고 성실해야지.

작가의 말

고마워요, 열심히 일하는 집배원 언니

　몇 년 전 그림책 모임에서, 일하는 사람들에 대한 책을 만들어 보자는 이야기가 나왔어. 그때 아줌마랑 한동네에 사는 집배원 언니가 눈에 띄더라고. 여자 우편집배원을 처음 봤기 때문에 신기하기도 했고, 오토바이 타고 다니는 모습이 멋져 보였어.

　취재 허락을 받고 우체국 집배실을 찾아간 첫날, 긴장해서 몹시 떨렸어. 아줌마가 낯가림이 좀 심하거든. 그런데 취재를 하다 보니 차츰 재미있어지는 거야. 오토바이를 타고 다니며 동네 사람들한테 우편물 배달하는 집배원 언니 뒤를 따라다닐 때는 신이 나기까지 했어.

　하지만 산 너머 마을로 갈 때부터 이야기가 달라졌지. 굽이굽이 고개를 넘어야 갈 수 있는 마을. 이곳 사람들에게 우편물을 전하다 보면 쌓인 눈이 채 녹지 않은 그늘진 산비탈 길도, 발목까지 푹푹 빠지는 진창길도 가야 했어. 흙탕물 웅덩이를 가로질러 가야 할 때도 있었고. 이런 길은 차를 타고 따라가기도 쉽지 않았지.

　하지만 아무리 어려워도 말없이 일하는 집배원 언니를 보고 아줌마는 가슴이 먹먹해졌어. 그리고 더욱 궁금한 게 많아졌지. 이 사람은 왜 이 일을 하는 걸까?

2010년 1월, 오랫동안 마음에 품고 있던 집배원 이야기를 마무리하던 날이었어.

그날은 하루 종일 엄청나게 많은 눈이 왔어. 이렇게 눈이 많이 내린 것은 거의 백 년 만이래. 아무리 치워도 끝이 없는 눈 때문에 며칠 동안 여기저기서 난리가 났지.

관공서에서는 중요한 서류가 제때 오지 않으니 일 처리를 못 해서 발만 동동 굴렀어. 병원이나 약국엔 약품이 다 떨어졌는데 배달이 안 돼서 환자들은 애가 탔지. 골목엔 쓰레기가 쌓여 넘치고.

하늘은 이렇게 우리가 잊고 지내던 사실을 새롭게 일깨워 주고는 해. 우리가 평화로운 낮과 밤을 보낼 수 있도록 열심히 일하는 사람들이 우리 둘레에 있다는 걸 말이야.

글·그림 **정소영**

경기도 포천에서 태어나고 자랐습니다. 덕성여대 대학원에서 서양화를 공부했고
한국 일러스트레이션 학교를 마쳤습니다. 지금은 일산에서 요리를 좋아하는 아들과 함께 살고 있습니다.
『난 원래 공부 못해』, 『하늘을 날다』, 『나무에 새긴 팔만대장경』, 『비둘기 전사 게이넥』 들에 그림을 그렸습니다.
쓰고 그린 책으로는 『아들에게』가 있습니다.
세상살이의 어려움을 밝고 꿋꿋하게 이겨 내는 사람들 이야기를 들려주고 보여 주고 싶습니다.

일과 사람 02 우편집배원

딩동딩동 편지 왔어요

2010년 4월 30일 1판 1쇄
2020년 8월 31일 1판 11쇄

ⓒ정소영, 곰곰 2013

글·그림 : 정소영 | 기획·편집 : 곰곰(전미경, 안지혜, 심상진) | 디자인 : 권석연
편집관리 : 그림책팀 | 제작 : 박홍기 | 마케팅 : 이병규, 이민정, 최다은 | 홍보 : 조민희, 강효원
출력 : 한국커뮤니케이션 | 인쇄 : 코리아 피앤피 | 제책 : 책다움
도와주신 분 : 이효선(영북 우체국), 이정민(고양 우체국)
펴낸이 : 강맑실 | 펴낸곳 : (주)사계절출판사 | 등록 : 제406-2003-034호
주소 : (우)10881 경기도 파주시 회동길 252
전화 : 031)955-8588, 8558 | 전송 : 마케팅부 031)955-8595 편집부 031)955-8596
홈페이지 : www.sakyejul.net | 전자우편 : picturebook@sakyejul.com
블로그 : skjmail.blog.me | 페이스북 : facebook.com/sakyejulpicture
트위터 : twitter.com/sakyejul | 인스타그램 : sakyejul_picturebook

값은 뒤표지에 적혀 있습니다. 잘못 만든 책은 구입하신 서점에서 바꾸어 드립니다.
사계절출판사는 성장의 의미를 생각합니다. 사계절출판사는 독자 여러분의 의견에 늘 귀 기울이고 있습니다.
이 책은 저작권법에 따라 보호받는 저작물이므로 무단전재와 무단복제를 금합니다.

ISBN 978-89-5828-465-9 74370 ISBN 978-89-5828-463-5 74370(세트)

이 책의 국립중앙도서관 출판시도서목록(CIP)은 다음 홈페이지에서 이용할 수 있습니다.
http://www.nl.go.kr/ecip CIP제어번호:CIP2010001260

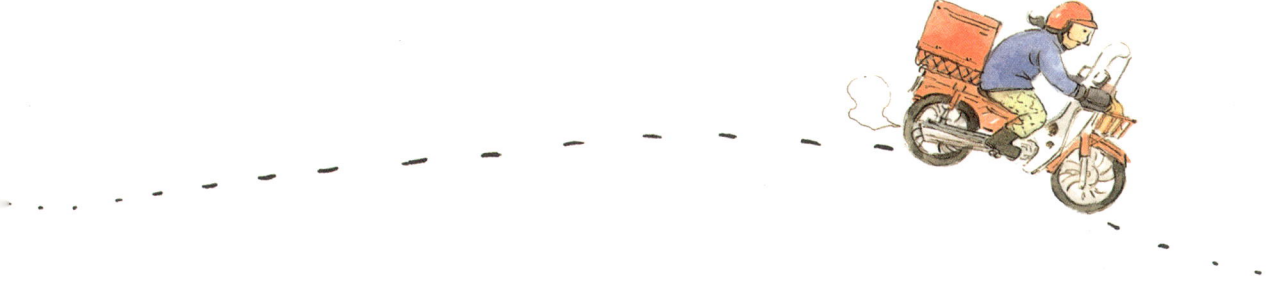